ABRÉGÉ

DU PREMIER LIVRE

DE L'ENFANCE,

OU

MÉTHODE PERFECTIONNÉE DE LECTURE.

APPROUVÉ PAR LE CONSEIL ROYAL DE L'INSTRUCTION PUBLIQUE
ET PRÉSENTÉ A S. A. R. Madame la duchesse de Berry,

POUR SERVIR A LA PREMIÈRE INSTRUCTION
DE MONSEIGNEUR LE DUC DE BORDEAUX.

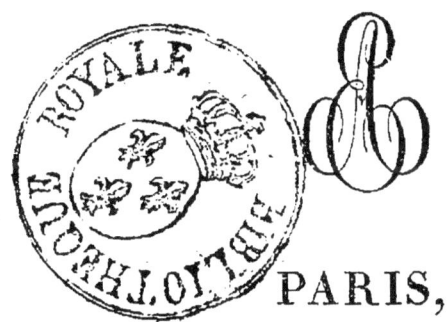

PARIS,

A LA LIBRAIRIE D'ÉDUCATION
D'ALEXIS EYMERY, RUE MAZARINE, N°. 30;
ET DE L. COLAS FILS, LIBRAIRE
DE LA SOCIÉTÉ POUR L'ENSEIGNEMENT ÉLÉMENTAIRE,
Rue Dauphine, n°. 32.

1821.

IMPRIMERIE DE FAIN, PLACE DE L'ODÉON.

EXTRAITS DE LETTRES

Dans lesquelles le Premier livre de l'enfance *est regardé comme recommandable.*

N°. 1.

Le Ministre de l'Intérieur, le comte Chaptal, au Préfet de Loir-et-Cher, M. Corbigny.

« J'ai reçu avec votre lettre du 29 ventôse l'ouvrage du C. B***. intitulé : *le Premier livre de l'enfance.*

» Je le remercie de cet envoi, et ne puis qu'applaudir au zèle éclairé qui a conduit sa plume. »

N°. 2.

*Le Préfet du département de Loir-et-Cher au C. B***, Professeur d'Histoire naturelle à l'école centrale.*

« J'ai adressé, citoyen, au Ministre de l'intérieur votre ouvrage intitulé : *Le Premier livre de l'enfance.* C'est avec satisfaction que je vous transmets sa réponse; elle vous sera une preuve de son opinion sur cette production littéraire, à laquelle j'attache moi-même beaucoup de prix. »

N°. 3.

Paris, le 8 octobre 1821. Le Conseiller d'État et au Conseil royal, exerçant les fonctions de Président, M. le Baron Cuvier, à M. B***, Bibliothécaire de Vendôme.

« Le Conseil royal a fait examiner, monsieur, l'Abrégé que vous vous proposez de publier de votre petit ouvrage intitulé : *Le Premier livre de l'enfance*.

» D'après le compte qui lui a été rendu de cet Abrégé, le Conseil a reconnu qu'il présentait, ainsi que l'ouvrage même, de très-bons procédés pour enseigner à lire. Il offre aussi un mérite essentiel pour ces sortes de livres, celui d'être court et peu coûteux.

» Le Conseil, par ces considérations, ne peut qu'approuver la publication de cet Abrégé, et il le recommandera comme très-propre à servir de syllabaire dans les écoles primaires de France. »

TABLEAU ANALYTIQUE
des Voyelles.

le bas	le bonnet	le nez	la queue
a. A.	è. È. ê.	é. É. er.	e. E. eu.
l'habit	les os	le bossu	le clou
i. I.	o. O.	u. U.	ou. OU.
le ruban	le raisin	le cochon	le numero
an. AN. en.	in. IN.	on. ON.	un. UN.

1.re P.

TABLEAU ANALYTIQUE
des Consonnes. N.º 1.

la pomme	la robe	la pipe
m. M.	b. B.	p. P.
la rave	la carafe	l'âne
v. V.	f. F. ph.	n. N.
la corde	la tête	la bague
d. D.	t. T. th.	g. G. gu.

TABLEAU ANALYTIQUE
des Consonnes. N.º 2.

la perruque	la cerise	la bourse
q. Q. qu. c.	z. Z. s.	s. S. ç. f.
la cage	la mouche	la boule
j. J. g.	ch. CH.	l. L.
la poire	le peigne	la feuille
r. R.	gn. GN.	ill. ILL. il.

AVIS.

La naissance de monseigneur le duc de Bordeaux, qui a comblé de joie les cœurs français, a pénétré aussi mon âme de la plus vive affection pour ce prince si cher, et de la plus touchante vénération pour son héroïque mère. Cet heureux événement m'a fait naître le désir de présenter une sorte de tribut à l'un et à l'autre, et m'a inspiré l'idée de rédiger un abrégé du premier livre de l'enfance, qui pût servir non-seulement à la première instruction de son Altesse royale, mais encore à celle des enfans nés depuis cette mémorable époque. Peut-être viendra-t-il aussi à l'esprit de plusieurs gens de lettres de faire, pour notre jeune prince, des livres classiques, comme on a fait, sous Louis XIV, pour le grand dauphin.

Je me suis proposé, dans cet abrégé, de perfectionner la méthode que j'ai publiée sous le titre de *Premier livre de l'enfance*, de la réduire à ce qu'elle a d'essentiel, de la rendre d'une utilité plus étendue, et surtout d'en rabaisser le prix en faveur des classes de la société les moins aisées et les plus nombreuses. Mais j'ai tâché de compenser les suppressions nécessaires par un choix de mots et par un ordre encore mieux soignés.

Néanmoins, le premier ouvrage sera toujours recommandable auprès des personnes qui seront en état d'y mettre le prix de 2 fr. 50 cent. Il contient des exercices plus nombreux, et fort utiles pour accélérer les progrès dans la lecture, et, ce qui est encore plus intéressant, des avis généraux et particuliers sur l'art d'enseigner à lire, qui peuvent épargner bien des peines et du temps aux enfans et aux maîtres. Cet art n'est point encore assez connu du très-grand nombre de ceux qui s'en mêlent.

Au surplus, la réunion des deux ouvrages ne peut être que très-utile : on trouvera dans chacun des deux beaucoup de choses qui ne sont pas dans l'autre, et, dans leur ensemble, un corps complet de méthode *perfectionnée* de lecture. C'est par l'abrégé qu'il conviendra de commencer.

AVIS.

Ce qui distingue le premier livre de l'enfance de la foule des petits livres de ce genre, c'est l'usage très-avantageux que l'auteur y fait, 1°. de l'analyse des sons élémentaires; 2°. de l'analogie des mots à lire ; 3°. des images et des échos ; 4°. d'une certaine marche graduée très-facile à suivre, pour les enfans même qui ont le moins d'intelligence. Ces moyens sont les plus propres à simplifier l'art d'enseigner à lire, art si compliqué que bien des philosophes, vrais amis de l'enfance, en réclament le perfectionnement depuis plus d'un siècle et demi. « Qui-
» conque sait lire, dit Duclos, sait le plus dif-
» ficile de tous les arts, surtout s'il l'a appris
» par la méthode vulgaire. » Le bon et judicieux Rollin, qui a tant fait pour les études de la jeunesse, avouoit qu'il serait fort embarrassé s'il se trouvoit dans le cas de montrer à lire à des enfans.

Le titre de *Premier livre de l'enfance* convient à cette méthode, non-seulement parce qu'il prépare à la lecture des autres livres, mais encore particulièrement parce qu'il commence par des images. Ce genre d'objets a sur les enfans de puissans attraits : rien n'est plus propre à captiver leurs regards, et à fixer leur attention, ce premier regard de l'esprit qui féconde nos facultés intellectuelles. Rien aussi de mieux imaginé que l'usage des échos; il a été indiqué en 1719 par M. de Vallange, mis en pratique avec succès, quoique sans aucune méthode, par Berthaud, en 1744, et on le trouvera ici bien perfectionné.

Voici le procédé qu'on doit suivre. On met sous les yeux de l'enfant l'image d'un objet connu; on lui fait dire le nom de l'objet représenté, et on lui enseigne à détacher de ce nom le dernier son en forme d'écho, et à dire, par exemple, le bas, *a;* le bonnet, *è;* le nez, *é;* la queue, *e* ou plutôt *eue*, etc. Cette espèce de décomposition ou d'*analyse* est le moyen même que la nature nous fait employer pour former nos idées, pour composer nos notions avec des idées abstraites ou détachées de divers objets, et pour avancer de connoissances en connoissances. Ce moyen conduit insensiblement et sans peine l'enfant du connu à l'inconnu, c'est-

AVIS.

à-dire, de l'image de l'objet présenté au rappel de son nom; puis de ce nom à l'écho qui apprend à distinguer le son final élémentaire, et enfin à la connoissance de la lettre qui peint ce son.

Cet exercice est facile et amusant pour les enfans, bien plus qu'il ne le paroît d'abord à de grandes personnes qui n'en auroient pas encore fait l'expérience. Il sert merveilleusement, en vertu de la liaison naturelle des sensations et des idées, à graver dans la mémoire de l'enfant la figure, le nom de l'objet, le son de la lettre qui est au bas de l'image. Ainsi, la vue de la lettre qu'il doit retrouver ailleurs, lui en rappellera la valeur; et, s'il hésite, il suffira de l'inviter à penser à la figure correspondante, pour qu'il se remette bien vite de lui-même sur la voie. Y a-t-il rien de plus propre à exercer la raison de l'enfant, que de lui faire retrouver ainsi ce qu'il a déjà appris, et dont il peut se rendre compte à lui-même ? Il n'y a plus ici ni embarras, ni peine, ni découragement, ni dégoût, tant pour l'enfant que pour le maître, ainsi qu'on l'a vu tant de fois : ce n'est plus qu'une espèce de jeu. Pour peu qu'on essaie ce moyen, on ne tardera pas à savoir l'apprécier; on éprouvera aussi bientôt la facilité qu'auront les enfans de se passer d'épellation pour lire des mots, dès qu'ils auront appris le premier syllabaire. La faute capitale commise dans les abécédaires, a été de rapporter la lecture aux lettres de l'alphabet; ce qui a naturellement amené l'épellation. Mais ici on rapporte la lecture des mots à un petit nombre de sons élémentaires, de quelque manière que les lettres les expriment. Il est reconnu, pour tout bon observateur, que les enfans ne savent bien épeler que lorsqu'ils savent lire; c'est donc un bien fâcheux contre-sens que de faire épeler pour apprendre à lire. Si vous leur faites écrire des mots qu'ils savent lire, ils les épelleront aisément et bientôt d'eux-mêmes.

L'analogie est encore un moyen de faciliter la lecture, et en général toute sorte d'instruction. Le soin que l'auteur a mis à l'employer, surtout dans cet abrégé, contribuera sans doute à donner un prix particulier à cette méthode.

AVIS.

C'est dans le premier ouvrage que l'on trouvera de plus grands détails sur les vues de l'auteur et sur les moyens qu'il conseille pour obtenir des succès plus prompts et plus sûrs.

ABRÉGÉ
DU PREMIER LIVRE
DE L'ENFANCE.

CHAPITRE PREMIER.
Des premiers élémens de la lecture *.

---

* Vous ferez dire sur les figures le bas, *a*; et redire ensuite *a*, le bas, en touchant alternativement la figure et la lettre qui est au bas de la figure.

TABLEAU DES VOYELLES.

a è é e.
i o u ou**.
an in on un.

** Ne faites pas diviser les lettres des sons simples : *ou, an, in, un, on.*

PREMIER LIVRE

TABLEAU DES CONSONNES.

m, b, p; v, f;
n, d, t; gu*, qu;
z, s; j, ch;
l, r; gn, ill.

* Ne faites point diviser les lettres qui désignent des articulations simples *gu*, *qu*, *ch*, *gn*, *ill*. Tel est l'avantage des échos de traduire pour l'oreille, tandis que l'orthographe traduit pour les yeux : les voyelles *ou*, *an*, *in*, *on*, *un*, et les consonnes *gu*, *qu*, *ch*, *gn*, *ill* qui présentent deux lettres aux yeux, sont simples à l'oreille.

PREMIER SYLLABAIRE *.

* On fera lire la première strophe en allant 1°. comme dans la lecture ordinaire, de gauche à droite ; 2°. de droite à gauche ; 3°. en allant de haut en bas ; 4°. enfin de bas en haut. La première strophe étant ainsi bien apprise par des répétitions assez nombreuses, on passera à la suivante en observant les mêmes procédés ; et les autres strophes s'apprendront ainsi, mais avec une facilité croissante.

DE L'ENFANCE.

1 *La Pomme.*

         m.   M.

Ma	me	mé	me
mi	mo	mu	mou
man	min	mon	mun.

2* *La Robe.*

         b.   B.

* Faites lire les numéros 1, 2 et ainsi des autres.

Ba	bè	bé	be
bi	bo	bu	bou
ban	bin	bon	bun.

3 *La Pipe.*

         p.   P.

Pa	pè	pé	pe
pi	po	pu	pou
pan	pin	pon	pun.

4 *La Rave.*

         v.   V.

Va	vè	vé	ve
vi	vo	vu	vou
van	vin	von	vun.

5 *La Carafe.*

         f.   F.

Fa	fè	fé	fe
fi	fo	fu	fou
fan	fin	fon	fun.

PREMIER LIVRE

6 *La Corde.*   d.   D.

Da   dè   dé   de
di   do   du   dou
dan   din   don   dun.

7 *La Tête.*   t.   T.

Ta   tè   té   te
ti   to   tu   tou
tan   tin   ton   tun.

8 *L'Ane.*   n.   N.

Na   nè   né   ne
ni   no   nu   nou
nan   nin   non   nun.

9 *La Bague.*   g,   gu.   G,   Gu.

Ga   guè   gué   gue
gui   go   gu   gou
gan   guin   gon   gun.

10 *La Perruque.* q,   qu.   C,   Qu.

Qua   què   qué   que
qui   quo   cu   cou
quan   quin   con   cun.

DE L'ENFANCE.

11 *La Cerise.* z,   s,   Z.
Za   zè   zé   ze
zi   zo   zu   zou
zan zin zon zun.

Bis.

Asa   asè   asé   ase
asi   aso   asu   asou
asan asin ason asun

12 *La Bourse.* s,   c,   ç,   S.
Sa   sè   sé   se
si   so   su   son
san sin son sun.

Bis.

Ça   cè   cé   ce
ci   ço   çu   çou
can cin çon çun

13 *La Cage.* j,   ge   J.
Ja   jè   jé   je
ji   jo   ju   jou
jan jin jon jun

PREMIER LIVRE

Bis.

Gea	gè	gé	ge
gi	geo	geu	geou
gean	gin	geon	geun

14 *La Mouche.*

ch.   CH.

CHa	chè	ché	che
chi	cho	chu	chou
chan	chin	chon	chun.

15 *La Boule.*

l.   L.

La	lè	lé	le
li	lo	lu	lou
lan	lin	lon	lun.

16 *La Poire.*

r.   R.

Ra	rè	ré	re
ri	ro	ru	rou
ran	rin	ron	run.

17 *Le Peigne.*

gn.   GN.

GNa	gnè	gné	gne
gni	gno	gnu	gnou
gnan	gnin	gnon	gnun.

18 *La Feuille.*   ill.   ILL.

ILLa	illè	illé	ille
illi	illo	illu	illou
illan	illin	illon	illun.

CHAPITRE II.

Mots à lire d'après le premier syllabaire.

I. TABLEAU DE MONOSYLLABES*.

---

* On dira que monosyllabe signifie *mots d'un seul son* ou *d'une syllabe*. On fera à l'enfant de petites phrases dans chacune desquelles il entrera un de ces petits mots.

A, à, ô, ou, an, on, un.
Ma, me, mu, mou, mon; bu, bon; pu, pou, pan, pin; va, vu, van, vin; fa, fi, fou, fin; je, jeu; dà, dé, de, du, don; ta, te, tu, tan, ton; né, ne, ni, nu, non; gué, gui; que, qui, cou; sa, se, si, sou, son; ce, ci; je; chu, chou; la, lé, le, lu, lin.

II. TABLEAUX DE MOTS

composés du premier syllabaire; 1° par syllabes séparées.

---

1. M, m.
La Pomme.
Ma-man
mè-re
mè-che
me-lon
mi-di
mo-de
mou-ton
man-che
min-ce
mon-de

2. B, b.
La Robe.
Bâ-ton
bê-te
bé-ni
bi-le
bo-bo
bû-che
bou-chon
ban-de
bon-don
bou-ton

3. P, p.
La pipe.
Pa-pa
pè-re
pé-rou
pe-pin
pi-que
po-che
pu-ce
pou-le
pin-son
pon-te

4. V, v.
La Rave.
Va-che
vê-tu
vé-lin
ve-nin
vi-gne
vo-lan*t*
van-té
vo-gue
vo-lée

5. F, f.
La Carafe.
Fade
fê-te
feu-ille
fo-li*e*
fou-le
fan-ge
fon-du
fa-quin
fou-gue

6. D, d.
La Corde.
Da-me
dé-fi
de-vin
di-gne
di-gue
do-gue
du-pe

DE L'ENFANCE.

dou-ze
dan-se
din-don.

7. T, t.
La Tête.
Ta-lon
tê-tu
te-nu
ti-ge
tu-be
tou-che
tan-che
ton-ton
tou-pie
ta-ille.

8. N, n.
L'Ane.
Na-ge
nei-ge *
ni-che
nu-que
no-ce

no-te
no-ti-ce
nan-ti
nu-a-ge
no-vi-ce

9. G, g.
La Bague.
Ga-zon
guê-pe
gué-ri
gue-non
gui-de
go-be
gou-jon
gan-se
guin-de
gon-do-le.

10. QU,
qu, c.
La Perruque.
Ca-ge
Quê-te

co-ton
quel-que
co-quin
cu-ve
cou-cou
quin-ze
ka-li **
ca-ille

11. J, g.
La Cage.
Ja-lon
gê-ne
ge-nou
ge-lée
gî-te
ju-pon
jou-jou
jon-ché
gi-ron

12 CH, ch.
La Mouche.
Cha-ton

chê-ne
ché-ri
che-min
chi-mè-re
cho-se
chu-te
chan-son
chi-che
cha-cun

13. Z, z, s.
La Cerise.
Zè-le
zé-lé
zé-ro
ti-son
ga-ze
ca-se
va-se
zô-ne.

14. S, s.
La Bourse.
Sa-le

---

* Faites remarquer que *ei* fait *è*, le bonnet.
† Faites remarquer la lettre K, la perruque.

1*

sa-ge
sa-von
se-rin
si-gne
sou-che
sou-ci
ci-re
si-re
son-ge.

15. L, l.

La Boule.
La-pin
lè-ze
le-çon
lan-gue
li-gne
li-gue
lon-ge
lon-gue

lo-che
lou-che.

16. R, r.

La poire.
Ra-ton
rê-ve
rè-gne
re-quin
ri-che
ri-re
ro-be
ru-ban
ron-de
rou-ge.

17. GN, gn.

Le Peigne*.
Ba-gne
gui-gnon

chi-gnon
péi-gne
co-gnée
vi-gne
ga-gné
ro-gnon
com-pa-gne
mon-ta-gne.

18. ILL, ill.

La Feuille**.
Pa-ille
ta-ille
bé-quille
fe-nou-il
que-nou-ille
ba-illon
ba-ta-ille
ba-ta-illon
bé-ta-il.

―――――――――――――

* A la fin des mots.
** Aussi à la fin des mots.

DE L'ENFANCE.

2°. *Tableaux des mots précédens, à lire sans syllaber, si ce n'est tout bas.*

1

Maman
mère
mèche
melon
midi
mode
mouton
manche
mince
monde

2.

Balon
bête
béni
bile
bobo
bûche

bouchon
bande
bondon
bouton.

3.

Papa
père
Pérou
pepin
pique
poche
puce
poule
pinson
ponte.

4.

Vache
vêtu

vélin
venin
vigne
volant
voûte
vanté
vogue
volée.

5.

Fade
fête
feuille
fichu
folie
foule
fange
fondu
faquin
fougue.

6.

Dame
défi
devin
digne
dogue
dupe
douze
danse
dindon.

7.

Talon
têtu
tenu
tige
tube
touche
tanche
tonton
toupie
taille.

8.

Nage

nappe
noce
nanti
nuage
niche
notice
nuque
novice
note.

9.

Gazon
guêpe
guéri
guenon
guide
gobé
goujon
ganse
guinde
gondole.

10.

Cage
quête
coton

quelque
coquin
cuve
coucou
quinze
kali
caille.

11.

Jalon
gêne
géné
gelée
gîte
jupon
joujou
jante
jonché
giron.

12.

CHaton
chêne
chéri
chemin
chimère

chose
chute
chanson
chiche
chacun.

13.

Zèle
zélé
zéro
gazon
tison
onze
case
gaze
vase
zône.

14.

Sage
savon
serin
signe
souche
souci
cire

sire
songe
soupe.

15.

Lapin
lézé
leçon
langue
ligne
ligue
longe
longue
loche
louve.

16.

Raton
rêve
règne
requin
rire
robe
ruban
rouge
ronde

riche.

17.

Bagne
guignon
chignon
peigne
cognée
vigne.
rognon
gagné
compagne
montagne.

18.

Paille
taille
béquille
fenouil
quenouille
baillon
bataillon
bataille
détail
bétail.

III. *Tableaux de mots très-analogues à lire promptement.*

1.

Bacha, pacha
bêche, la pêche
mèche, il pêche
base, case
face, race
cube, tube
folie, jolie
tôle, rôle
sape, tape
bague, vague
biche, fiche.

2.

Gage, cage
mage, page
Caton, bâton
canon, fanon
doute, route

boule, poule
foule, moule
manche, tanche
miche, niche
onde, bonde
sonde, ronde
fonte, conte
boulin, boudin.
malin, câlin
butin, lutin
satin, latin.

3.

Biche, fiche
devin, divin
mignon, pignon
timon, limon
linge, singe
pince, mince
solive, salive

savate, sonate
pepin, poupin
babine, badine
narine, farine.

4.

Arôme, atôme
savane, cabane
cheville, chenille

Espagne, Champa-
gne
pignon, champignon
école, étole
tache, tâche
potage, tapage
vérité, sévérité
tonsure, monture
mouron, mouton.

IV. *Tableaux de monosyllabes dont la finale est muette ou non muette.*

1°. *Consonne finale muette.*

Bas, pas, tas, cas, ras, tu vas; mes, tes, ses, les, des; tu es; mis, bis, pis, ris, tu ris, tu lis, tu dis, tu vis; tu bus; tu lus, nous, vous, tous, tout; la toux.

2°. *Consonne finale sonore.*

Bac, lac, sac, tac; bec, sec; coq, roc, soc, toc; fer, mer, ver; mur, dur, sur, pur; car, par, une part, il part; pic, tic, tique, bouc; cour, four, jour, pour, tour; bol, dol, sol, vol; port, il mord; gond, rond, le fond, il fond, un pont, elle pond; long, un jonc, un bond, dont, ils sont, ils font.

CHAPITRE III.

Élémens secondaires. Deuxième syllabaire abrégé.

1.

Ab	eb	ib	ob	oub
ap	ep	ip	op	oup
av	ev	iv	ov	ouv
af	ef	if	of	ouf
ad	ed	id	od	oud
at	et	it	ot	out
ag	eg	ig	og	oug
ac	ec	ic	oc	ouc
az	ez	iz	oz	ouz
aj	ej	ij	oj	ouj
ach	ech	ich	och	ouch
al	el	il	ol	oul

ar er ir or our
agn egn ign ogn ougn
{ aill eill ill oill ouill
{ ail eil il oil ouil

2.

Abe ape ave afe ade ate
ame ane ague aque asse
ache alle are agne aigne
arde erte orde ourde orte.

~~~~~~

I. *Tableaux de mots à lire d'après le deuxième syllabaire.*

1.

Abel
appel
apporté
admiré
artiste
altéré
abord
abordage
arme

armistice
apte
aptitude,
acte
actif
averti
arbuste
alberge

2.

ébarbé

écarlate
écarté
échec
écharde
écharpe
élargi
épargne
éperdu
éperlan
épiderme
ergoté

escalade   aise   objecté
escapade   aisé   obligé
escarmouche aisance.   oblique
escorte   obscur
espace   4.   obsèques
espèce   Ibis   observer
espérance idée   obtenir
esquif   idole   occident
estoc   idolâtre   octave
estomac   ignorance   optique
évêché   ignoble   orbite
évêque   immortel   ordinaire
évangile   indulgence ordure
éventé   informé   organe
évaporé.   infortune   organiste
           insecte   orgue
   3.   instance   orgueil
           insulte   ornement
ai-è *le bonnet.* interne   orteil
Aide   interdit   orpin
aigu   invective   ortolan
aiguille   investi   oubli
aiguillon illustre   outrage.
aile   irrégularité.
aileron   5.   6.
air
airain   obélisque   Urbanité

urgence   ulcère   universel
urne   ultérieur université
ustensile uniforme   urine
usurpé   univers   usine.

II. *Tableaux de mots analogues à lire promptement.*

1.

Bague, vague
dague, divague
vogue, dogue
digue, figue
gigue, ligue
digne, ligne
signe, insigne
barde, carde
garde, cocarde
barge, marge
cardon, chardon
bisque, disque
risque, fisc
gourde, lourde

courbe, fourbe
caste, chaste
orge, forge
le parc, la parque
martel, mortel
carte, tarte.

2.

Falourde, balourde
escarbot, escargot
patache, pistache
amical, amiral
panache, moustache
furtif, furtive
inculte, insulte
infecté, infesté

ouverture, couver-
  ture
torture, morsure
ordure, verdure
conjecture, conjonc-
  ture
vertige, vestige
récolte, révolte
marcotte, marmotte
rebours, recours
aspic, astic
barbarie, barberie
auspice, aruspice
barbeau, bardeau
barder, border *
bâtard, pétard
boudeur, bourdeur
bisquer, risquer
calque, talc
camard, canard
capter, capturer
carme, charme
terme, ferme
confirmer, confor-
  mer

consterné, prosterné
coraline, cornaline
corbeille, corneille
cordage, corsage
cornette, corvette
cortine, courtine
courtier, coursier
civisme, cynisme
subvenir, survenir
serpette, vergette
verdir, vernir
valse, valve
sertir, sortir
serment, sarment
Normand, dormant
servante, fervente
marqué, masqué
délecter, détester
aspiré, respirer
envergure, enver-
  geure
injection, injonction
porter, poster
paquet, parquet
surmulet, surmulot

---

* Avertissez ici que *er* final fait ordinairement *é le nez*.

TABLEAU ANALYTIQUE
de Sons difficiles. N.º 1.

la femme	le boiteux	la fleur
emme.	eu. eux.	eur.
le soleil	le fauteuil	le chien
eil. eille.	euil. œil	ien
l'oie	le fouet	le poing
oa. oi.	ouè. oè.	oin. ouin.

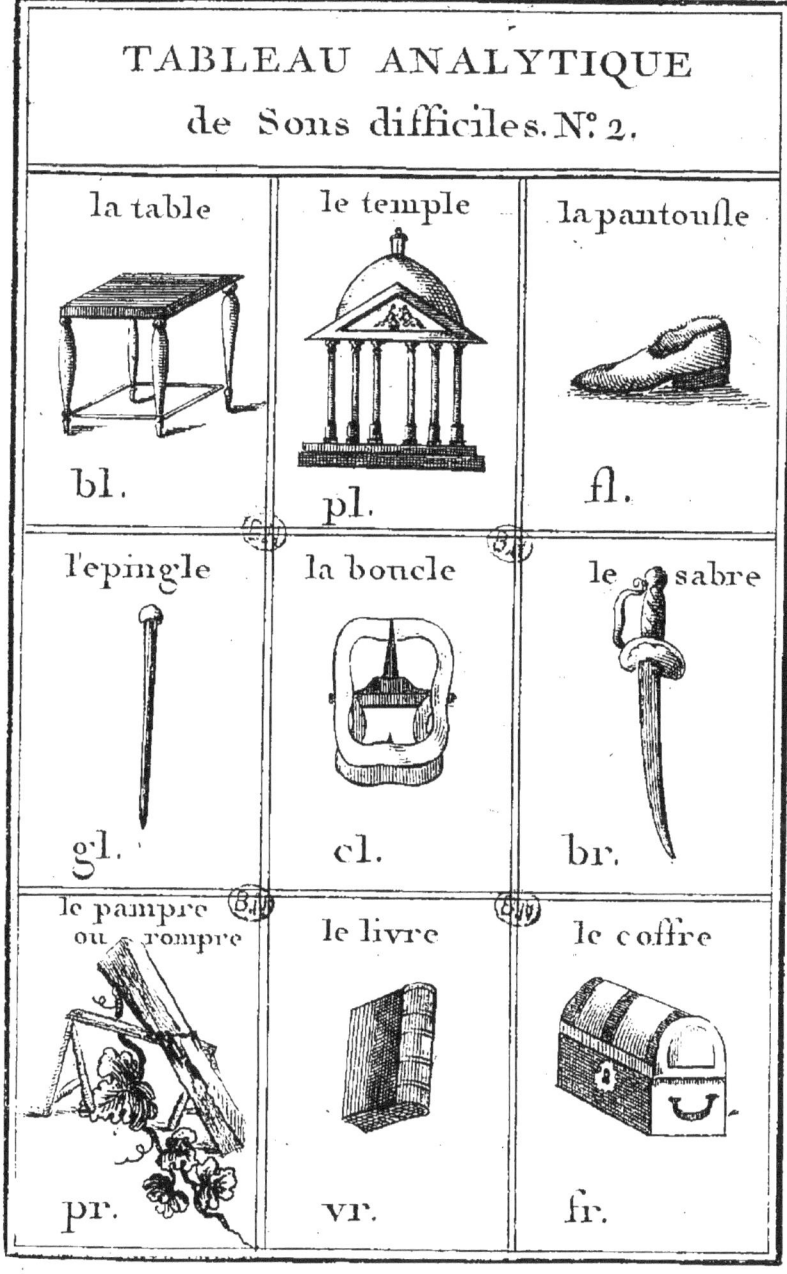

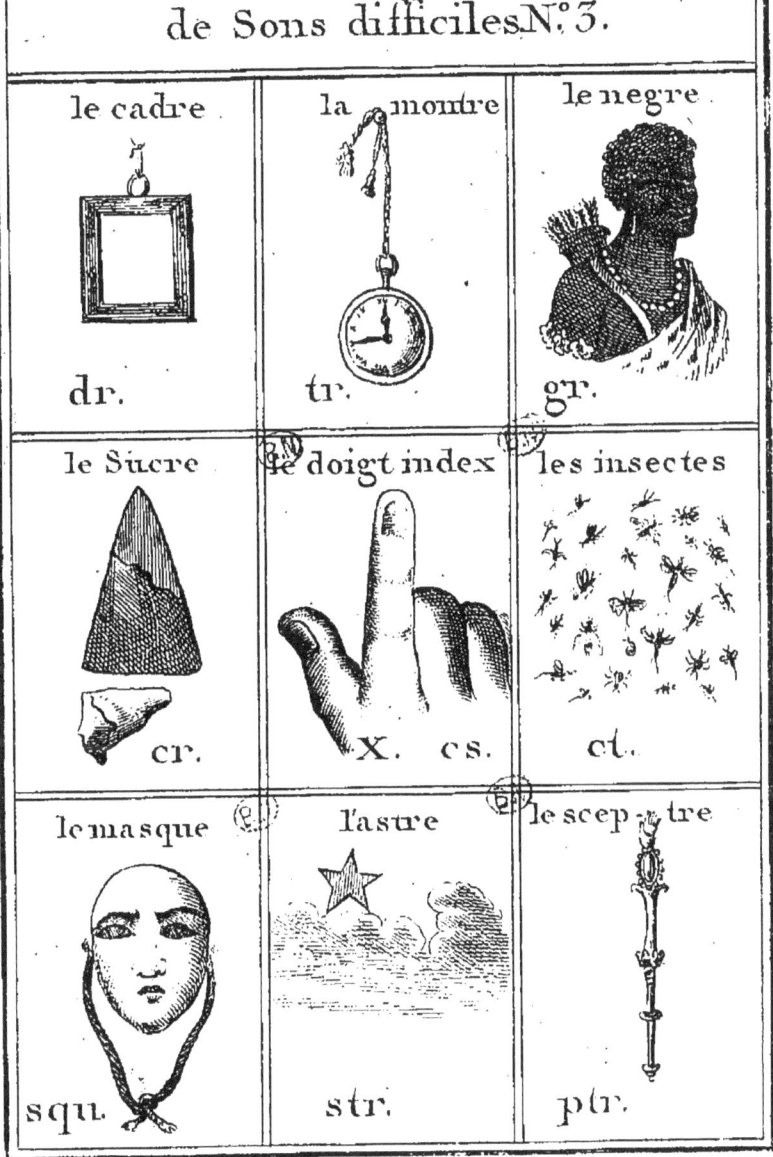

arpenter, argenter   soudard, soulard
abcès, accès   survenu, parvenu
accoster, aposter   nasal, naval.

CHAPITRE IV.

DES ÉLÉMENS COMPOSÉS.

Tableau des voyelles les plus difficiles.

N°. 1.

emme	eu	eur
ame	eux	eurs
eil	euil	ien
eille	œil	yen
oa	ouè	ouin
oi	oè	oin.

Tableau des consonnes associées.

N°. 2.

bl	pl	fl
gl	cl	br
pr	vr	fr.

N°. 3.

dr	tr	gr
cr	x	ct
sq	str	ptr.

§ 1. *Voyelles composées ou diphtongues.*

Un acacia. . . . . ia, ya.
un homme inquiet. . . . . . . iè, iai, ioi.
un soulier. . . . . ié, ier, iez.
un pieu. . . . . ieu, ieux.
un loriot. . . . . io, iau.
Alpiou. . . . . iou.
un friand. . . . . ian, ien.
un chien. . . . . ien, yen.
un lion. . . . . ion, yon.
une oie. . . . . oa, oé, oi.
un fouet. . . . . ouè, oè.
un poing. . . . . ouin, oin.
un louis. . . . . oui.
une nuée. . . . . uée.
un étui. . . . . ui.
un chat-huant. . . . . uan.
le mois de juin. . . . . uin.
en jouant. . . . . ouan.

Tableaux de mots où il y a des diphtongues.

ia. Ratafia, fiacre, liard, il nous lia.
iè. Ciel, fiel, miel; pièce, fière, lumière, niais, liais.
ié. Pié, amitié, pitié, prier, vous riez, priez, collier.
ieu. Dieu, lieu, milieu, des yeux, mieux, pieu, pieux.
io. Fiole, violon, tuyau, aloyau, babiole, cariole.
iou. Montesquiou, chiourme, Collioure.
ian. Étudiant, châtiant, ayant, voyant; viande, patient, fiente, quotient.
ien. Quintilien, le mien, le tien, le sien, rien, moyen, lien, chien, Indien.
ion. Action, ration, question, voyons, rions, nous dînions.
oi, oa. Trois, mois, du bois, des pois, moi, loi, loyal.

DE L'ENFANCE.

ouè. Un brouet, une boîte, moite, brouette, ouest.

ouin, oin. Marsouin, loin, point, coin, babouin.

oui. Réjoui, il jouit, un louis, enfoui, l'ouïe.

uè. Écuèle, casuel, annuel, ruèle, truèle.

ué. Tué, hué, attribué, nué, nuée.

ui. Lui, fortuit, il suit, il fuit, du buis, la nuit, de la pluie, tuilier, huilier, huit, huître.

uan. En diminuant, contribuant, puant.

uin. Juin, Alcuin, il suinte.

ouan. Louant, Rouen, louange, Écouen.

§ II. CONSONNES COMPOSÉES OU ASSOCIÉES.

Troisième syllabaire abrégé.

1 Bla blé bli blo blu blou
pla plé pli plo plu plou
fla flé fli flo flu flou

gla	glé	gli	glo	glu	glou
cla	clé	cli	clo	clu	clou.
2 Bra	bré	bri	bro	bru	brou
pra	pré	pri	pro	pru	prou
vra	vré	vri	vro	vru	vrou
fra	fré	fri	fro	fru	frou
dra	dré	dri	dro	dru	drou
tra	tré	tri	tro	tru	trou
gra	gré	gri	gro	gru	grou
cra	cré	cri	cro	cru	crou
3 Xa	xé	xi	xo	xu	xou
cta	cté	cti	cto	ctu	ctou
stra	stré	stri	stro	stru	strou
ptra	ptré	ptri	ptro	ptru	ptrou.

TABLEAUX

De mots à lire d'après le troisième syllabaire.

I. CONSONNES ASSOCIÉES INITIALES.

bl.	Blâme, blême, blanche, blonde.
pl.	Plâtre, plaie, plume, plantin, plongeon.
fl.	Flasque, flèche, flotte, flûte, flanqué.
gl.	Glace, glèbe, glissant, globe, glouton.
cl.	Claque, clergé, clique, cloutier, clinquant.
br.	Brasse, brèche, brillant, broche.
pr.	Pré, praline, prise, propre, prune, printemps.
vr.	Vrai, vrille, ouvrage, ouvrons.
fr.	François, frelon, fripon, front.
dr.	Dragée, dressé, drille, drogue.
tr.	Tracas, tresse, trique, troc.
gr.	Gras, grillon, grognon, groupe.

cr.   Craquelin, crème, criard, crochet, croupe.
sp.   Spatule, spectre, spéculer, spiral, stérile.
st.   Stipendier, stuc, stupide, sceptre.
scr.   Scribe, scrutin, scrupule, structure
x=gz.   Xavier, exil, exécuté, exemple.
x=cs.   Axe, taxe, texte, fixe, luxe.
x=ss.   Le Texel, Bruxelles, Auxerre, soixante.
x=z.   Sixain, sixième, dixaine, dixième.

~~~~~~~~~~~~~~~~~~~~~~~~~~~~~~~~~~~~

II. VOYELLES INITIALES.

1. Ablette, abreuvoir, abstinence, abstraction, affliction, apprendre, approuver, applaudir, arbitre, astronome.

2. Éblouir, ébranler, éclair, écritoire, effleuré, effrayé, église, aigrelet, encre à écrire, entrée, entreprendre, esclandre, escroc, esprit, estrade, estropié, expliqué, extirpé, extrait.

3. Ibrahim, Ypres, hydre, hydrauli-

que, ivre, ivrognerie, implacable, impraticable, incrédulité, incrusté, intrigante, instruire, instruction, inflexible, infructueux, ivraie.

4. Obligeant, obstruction, octroi, ombrage, ordre, orfraie, ostracisme, oubli, outrance.

III. CONSONNES ASSOCIÉES FINALES.

1. ble.   Affable, hièble, meuble, crible, noble, double, trouble, ensemble, comble, humble, soluble.
2. bre.   Sabre, zèbre, libre, sobre, salubre, chambre, timbre, sombre, arbre, marbre.
3. ple.   Peuple, triple, sinople, couple, ample, temple, simple.
4. pre.   Âpre, lèpre, Chypre, propre, pampre, rompre, pourpre.
5. fle.   Rafle, trèfle, siffle, girofle, buffle, souffle, enfle, ronfle, gonfle.
6. fre.   Cafre, fifre, coffre, soufre, gouffre, goinfre, gaufre.

7. dre. Escadre, cèdre, cidre, coudre, poudre, prendre, tendre, tondre, perdre, mordre.
8. tr. Battre, mètre, maître, feutre, litre, vitre, notre, le nôtre, antre où l'on entre, montre, monstre, tartre, tertre, sceptre, spectre.
9. cre. Nacre, âcre, ocre, sucre.
10. gle. Aigle, beugle, angle, ongle, tringle, étrangle, vers strongles.
11. gre. Aigre, maigre, tigre, ogre, lougre, tongre, malingre.
12. x. Borax, index, convexe, six, dix, phénix, onyx, paradoxe, larynx, linx, sphinx.

Mots analogues à lire promptement.

Abréger, abroger   accoupler, découpler
abstersif, abstractif   accrocher, décrocher
abstrait, distrait   aréomètre, aéromètre
âpre, câpres   aigle, seigle
affluence, influence   aplanir, aplatir

astronome, astrologue
ellipse, éclipse
écluse, incluse
égrisoir, égrugeoir
emplir, remplir
épreinte, étreinte
estrade, estrapade
éteindre, étreindre
éprouver, réprouver
escroquer, extorquer
infliger, affliger
inflexion, réflexion
impropre, impropère
inclination, inclinaison
oindre, joindre
ouvrage, outrage
blanche, planche
blanque, flanque
braise, fraise
branche, franche
bridon, brandon
brider, broder
brocard, brochart
broche, croche
brochette, broquette
brasquer, brusquer
placage, blocage
placard, brocart
place, glace
plaie, claie
plein, plain-chant
plume, enclume
pluralité, brutalité
premier, prunier
précéder, procéder
prédiction, prédication
prénom, pronom
présure, préture
prévenir, provenir
priser, briser
prodige, prodigue
propreté, propriété
prescrire, proscrire
préposer, proposer
proclamer, réclamer
prône, trône
prune, brune
flacon, flocon

flaque, plaque
flatter, flotter
fleur, pleur
fleuve, qu'il pleuve
fluctueux, fructueux
fluet, bluet
flasque, brasque
fibre, libre
ivre, livre
fluette, bluette
fléchir, réfléchir
fressure, il pressure
fruit, bruit
fracasser, fricasser
fraction, friction
fragilité, frugalité
frapper, fripper
frein, refrain
frisure, friture
froidure, droiture
traquer, troquer
transporter, transposer
trinquer, tronquer
trop, trope
tricher, trucher
graver, gréver
gradation, graduation
la Grèce, de la graisse
grâce, grasse
gravois, grivois
clapier, clavier
cloche, croche
chrême, crême
clore, éclore
crampe, trempe
craquer, croquer.

DEUXIÈME PARTIE.

DES MOTS A DIFFICULTÉS*.

*On a dejà mis à dessein, çà et là, plusieurs de ces mots ; mais il s'agit ici d'y exercer particulièrement, afin d'y habituer les yeux et les organes de la parole. Est-il nécessaire d'avertir que cette partie peut servir à l'orthographe ? On conseille de faire rendre compte, soit de vive voix, soit par écrit, des lettres qui composent certains mots difficiles et usuels. Faites remarquer que ces difficultés s'évanouissent en les rapportant aux sons élémentaires.

CHAPITRE PREMIER.

DES LETTRES MUETTES*.

* Autrefois ces lettres se prononçaient ; on les a supprimées dans le langage pour l'abréger ou pour l'adoucir ; mais elles sont restées dans l'écriture qui est plus fixe que le langage. La connaissance des lettres muettes est la principale clef de la lecture. L'usage que l'enfant a de sa langue, l'aidera à ne pas faire entendre ces lettres en lisant, et à se reprendre de lui-même.

§ 1. VOYELLES MUETTES.

a. Main, pain, bain, faim, la Saône, un taon.
e. Sein, feinte, ceinture, Caen, *ville*.
i. Neige, peine, peigne, oignon, poignet.
o. Paon, paonne, faon, Laon, *ville*, œil, œillet, œdême, œuf, bœuf, cœur, sœur, vœu, œuvre.
u. Anguille, béquille, à sa guise, qui, que, quelque.

§ 2. CONSONNES DOUBLES DONT UNE EST MUETTE*.

*Elle sert souvent à faire prononcer brève la syllabe précédente.

m. Pomme, comme, dommage, somme, gomme.
b. Abbé, rabbin, sabbat.

p. Appeler, frapper, opposer, rapporter.
f. Affiche, chiffon, office, taffetas.
n. Année, bonne, donné, monnaie.
t. Attiré, botté, pate, sotte, trotte.
c. Accordé, accueil, occupé, occasion, acquit, acquérir, à la grecque.
s*. Assez, essor, desservir, masse, bosse, rosse, bassin, Russe, rousse.

* La double ss sert souvent à empêcher qu'elle ne soit prononcée comme z la cerise, ainsi que rose, basin, ruse.

l. Allée, belle, folle, malle, bulle, tulle.
r. Arrivée, barre, marron, charrue.

§ 3. CONSONNES MUETTES *.

* Le plus souvent à la fin des mots, souvent elles sonnent devant la voyelle initiale du mot suivant.

b. Plomb, d'aplomb.
p. Galop, sirop, loup, prompt, baptême.

f. Clef, des œufs, des bœufs, des nerfs, des habits neufs.
d. Laid, gond, le fond, un fonds, nid, bord, égard.
t. Fort, petit, dépôt, goût, début, ils vont, ils font.
nt*. Ils chantent, ils dansent, ils marchent, ils écrivent.

* A la fin des mots qui expriment des actions et après *ils*.

q. Cinq pommes, un coq d'Inde.
c. Un banc, blanc, marc d'or, porc-frais.
z. Le nez, chez, dansez, vous dansez, vous parlez.
s. Le dos, les ris, tu chantes, tu finis, tu voulus.
l. Le pouls, une faulx, outil, fusil, sourcil.
r. Chanter, marcher, boulanger, potager, un pêcher.
h. Heure, hiver, Thémis, rhume, le Rhin, la rhétorique.
x. Des chevaux, des travaux, les corbeaux, des choux, un prix, la paix.

CHAPITRE II.

Diverses manières d'écrire un même son *.

* Faites remarquer les lettres muettes, les voyelles longues et les brèves ; et lire par colonnes et par lignes.

§ 1. DES VOYELLES VARIABLES.

TABLEAU ABRÉGÉ.

Le bas	*le bonnet*	*le nez*	*la queue.*
a	è	é	e
â	ê	ée	es
as	ei	ez	ent
at.	es	er	eu
	et	ai.	eux.
	ai		
	oi.		

L'habit	*les os*	*le bossu*	*le clou.*
i	o	u	ou
î	ô	û	où
it	ot	ut	out
is	os	us	ous
ie	au	eu	oue
y.	eau.	eut.	aou.

Le ruban   le raisin   le cochon   le n° 1.

an	in	on	un
am	im	om	um
en	en	eon	eun
ent.	ein.	ons	uns.
		ont.	

1. *A, a* * *le bas.*

* Faites remarquer les voyelles brèves et les longues.

a *bref.*   Ma, ta, sa, la, falbala, pate.
â *long.*   Ane, bâton, il se hâte, pâte.
as *long.*   Amas, repas, trépas, tu chantas.
at *bref.*   Chat, rat, état, certificat.
ât *long.*   Bât d'âne, un mât, du dégât.
ats *long.*   Tu bats les chats ingrats.
ac *bref.*   Du tabac, un almanach.
en.   Hennir, hennissement, solennité, couenne.
emm.   Femme, apparemment, éloquemment.

2. *E, è, le Bonnet* *.

* Cet è s'appelle *ouvert*, parce qu'on ouvre la bouche plus que pour les autres. Faites rendre compte des è brefs et des è longs; et de même pour les autres voyelles.

è.	Mère, chère, zèle.
ê.	Chêne, même, rêve, grêle.

e devant c, l, t, r, s, l, n.

c.	Bec, sec, grec, avec, respect.
l.	Abel, mortel, belle, ellébore.
r.	Mer, terme, superbe, terre.
s.	Festin, mesquin, reste, messe, tu es, il est.
t.	Cornet, bouquet, je mets, qu'il promette.
n.	Antenne, qu'il vienne, et se maintienne.
es.	Près, progrès, succès.
ai.	Air, aise, faire, se taire, une laie, du lait parfait, la paix, un dais, mais tu me distrais.
oi.	Foible, roide, il connoît, les anglois tu chantois, je lisois (*plusieurs écrivent ai* : Français, je lisais, etc.)

3. E, é, le Nez *.

* Cet é s'appelle fermé, parce qu'on ouvre moins la bouche que pour è le bonnet.

é.	Régénéré, répété, bonté.
ée.	Rosée, fumée, mariée, aimée.
ez.	Le nez, assez, vous lisez, cessez.

er.   Souper, chercher, boulanger, pâ-
        tissier.
ai.   Un geai, je chantai, je chanterai.
ey.   Le bey d'Alger, le dey de Tunis.
œ.   OEdême, OEdipe, œsophage.

4. E, e, la Queue *.

* Il s'appelle e muet, parce qu'il sonne peu.

eu.   Le feu, le jeu, jeune, il jeûne, du
        beurre, je veux, peureux, émeute.
œ.   OEil, œillade, œillet, œilleton.
œu.   Cœur, sœur, vœu, œuf, bœuf, les
        mœurs, œuvre.
heu.   Heure, heurter, malheur.

5. I, i, l'Habit.

i.   Joli, poli, politique.
î.   Vîte, vous fîtes, qu'il fît.
ie.   Vie, envie, toupie, il se fie.
is.   Tapis, logis, bis, gâchis, devis.
ir.   Venir, partir, finir.
ix.   Prix d'une perdrix, dix sous.
y.   Une lyre, myrthe, martyr.
hi.   Trahi, envahi, hier, hiver.

6. *O, o, les os.*

o.   Coco, écho, notre.
ô.   Le nôtre, hôte, apôtre, dépôt.
eo après g. Geôlier, geôle, George.
oi.   Oignon, empoigner, encoignure.
au fréquent. Autour, autel, étau, un auteur, la hauteur.
eau.   Un veau, de l'eau, chapeau, taureau, les eaux, des côteaux.
u.   Opium, galbanum, minium, géranium, le prophète Nahum.

7. *U, u, le Bossu.*

u.   Écu, glu, fichu, équestre.
û.   Bûche, abus, vous lûtes, ils lurent, ils suent, ils remuent.
eu.   J'eus, il eut, ils eurent, j'ai eu.
hu.   Hutte, cahutte, cohue, humeur.

8. *Ou, ou, le Clou.*

ou *bref.* Coucou, hibou, trou, trouvaille.
oû *long.* Voûte, goût, joue, loue, nous, vous, roux, doux.
u *après* q. Équateur=écouateur, aquatique, quadrupède.

VOYELLES NASALES.

1. *AN an, le Ruban.*

an. Un an, faisan, volcan, des ans, des volcans, des enfans, un gant, des gants, en parlant, un banc, un étang.
am devant b, p. Ambre, chambre, ample, lampe, un champ, un camp.
am final. Adam, Ispahan.
en. Encore, encens, argent, je pense, Rouen, prendre.
em. Exempt, temps, embarras, emplette, emmener.

2. *IN, in, le Raisin.*

in. Vin, des vins, je vins, il vint.
ain. Pain, train, étain, la main, les mains.
ein. Le sein, le seing, tu feins, il feint.

3. *ON, on, le Cochon.*

on avec des lettres muettes. Un rond, je

om. Bombe, pompe, nom, prénom, tombeau, il rompt, il interrompt.
eon après g. Pigeon, des pigeons, nous mangeons, nous changeons.
hon. La honte, honteux, la Hongrie, Honfleur, le jeu de l'hombre.

4. *UN, un, le n°. 1.*

un. Chacun, aucun, alun, les tribuns, un défunt, emprunt, à jeun.
um. Parfum, des parfums.
hun. Les Huns, *peuples anciens*, humble.

§ 3. CONSONNES VARIABLES.

f=ph. Philosophe, sophiste, physique.
qu=k. Karat, Kermès, kiosque.
qu=c devant a, o, u. Caque, cube, cou.
s=c devant e, i. Ceci, ici, céder, citron.
s=ç devant a, o, u. Çà, leçon, reçu.

s=t devant ia, ie, io. Initial, minutie, action.

z=s entre deux voyelles. Base, bise, buse, rose.

j=g devant e, i. Gelée, gilet, gibier.
ill=il   Péril, babil, avril.
i-l=il, ill.   Péril, fil, vi-lle, tranquille.
gz=x.   Exemple=egzanple.
qs=x.   Axe=acse, taxe, syntaxe.
ss=x.   Auxerre, aussère.
z=x.   Dixième, dizième *.

* Les deux premières valeurs de x sont plus fréquentes que les deux dernières.

h est *tantôt nulle*, tantôt aspirée. L'herbe, la herse ; l'habile, le hâbleur ; l'héroïsme, le héros.

TABLEAUX DE MOTS

Où il y a des variations de lettres remarquables.

1. Aile d'un aigle ; un geai fort gai.
2. Pays, paysage ; rayon, crayon.

DE L'ENFANCE. 45

3. Adam, Amsterdam, Abraham.
4. Ancien, ananas ; Persan, persanne.
5. Solennel, ennemi ; examen, hymen, abdomen, amen.
6. La joie, boîte, foible, qu'il paroisse à sa paroisse.
7. Obtenir=optenir, absent, absurde.
8. Second=segon, secrétaire, secret.
9. Anguille, aiguille, lignée, ignée, stagnant.
10. Brut, correct, direct, fat, respect, circonspect.
11. Initial, ineptie, prophétie, bestial, partie, moitié, question.
12. Ent=an, quand on peut mettre *un* devant le mot *un parent.* Ent=e quand on peut mettre *ils* devant le mot *ils parent.*

un parent	ils parent.
un différent	ils diffèrent
un équivalent	ils équivalent
un excellent	ils excellent
un excédent	ils excèdent
un vent violent	ils violent la loi
un négligent	ils négligent
un couvent	elles couvent.

un ferment   ils ferment
un expédient   ils expédient
un président   ils président
un homme content ils content.

TROISIÈME PARTIE.

LECTURE DES PHRASES.

CHAPITRE PREMIER.

Liaison des mots.

* Un mot qui finit par une consonne muette devant une voyelle initiale du mot suivant, sonne ordinairement et forme une liaison.

I. VOYELLES NASALES.

liées.   *non liées.*

an*. En effet   Un an ou deux

* N finale se lie lorsqu'on ne peut séparer les deux mots, et ne se lie pas lorsqu'on peut faire la moindre pause. Le même des autres lettres finales.

DE L'ENFANCE.

en ami.   un an au plus
          écran agréable
in. Vain espoir   vin âcre
    certain homme   train onéreux
    ancien auteur.   un bien unique
on. Un bon ami   cheval bon à monter
    ton affaire   un ton insolent
    son outil   un son agréable
un. L'un et l'autre   alun à vendre
    un homme   un héros.

II. CONSONNES FINALES.

liées.   *non liées.*

p. Trop avide   Un galop aisé
   il coûte beaucoup   Un loup affamé
   à son père
s=z. Mes amis   les uns ou les autres
les uns et les autres
z. Travaillez avec
   ardeur   Un nez aquilin
x=z. Précieux ami   Précieux à sa patrie
   faux éclat   louis faux ou rogné
t. Un petit enfant   Un petit héros

la mort éternelle   une mort inévitable.
d=t. Un grand enfant   Un brigand adroit
le second article   le second ou le troisième.
f=v. Neuf ans   Une clef aisée
g=k. Un sang épais   Un sang hideux
c=k. Avec esprit   Avec haine
tabac à fumer   tabac humide
r. Aller au galop   Aller hardiment.

CHAPITRE II.

Signes de la ponctuation.

Figures.   Noms.   *Valeurs.*

,   **Virgule.** . . . . Marque une pause courte, et ordinairement une élévation de la voix.

;   **Point et virgule.** Une pause double de la virgule avec une élévation et un abaissement de la voix.

:   **Deux points.** . . Une pause triple de la virgule avec une élévation et un abaissement de la voix un peu plus marqués.

.	Point......	Un repos entier pour respirer à l'aise, précédé d'une élévation sur l'avant-dernière syllabe, suivie d'un abaissement sur la dernière.
?	Point d'interrogation...	Un abaissement de la voix, puis une élévation.
!	Point d'exclamation...	Inflexion variable selon la vivacité du sentiment de celui qui admire, désire, ou se plaint, etc.
( )	Parenthèse..	Une note explicative, et se prononce d'un ton plus bas.

CHAPITRE III.

Lecture de phrases.

ARTICLE PREMIER. PETITES PHRASES.

Le chien aboie. Le chat miaule. L'âne brait. Le cheval hennit. Le coucou chante son nom. Le rossignol enchante par ses airs mélodieux. L'homme parle, crie et chante.

Le chat prend les souris et les rats. Le chien garde la maison, ou les moutons, ou sert à la chasse. Le cheval porte l'homme ou des fardeaux, ou bien il tire une voiture ou la charrue.

Plusieurs animaux ont quatre jambes ; on les appelle quadrupèdes. Les oiseaux n'ont que deux jambes, mais ils ont deux ailes qui leur servent à s'élever en l'air et à s'y soutenir. Les poissons ont des nageoires pour se mouvoir dans les eaux. Les vers n'ont pas de pieds ; ils rampent à terre et se traînent sur le ventre. Le limaçon transporte avec lui sa maison.

∿∿∿∿∿∿∿∿∿∿∿∿∿∿∿∿∿∿∿∿∿∿∿∿∿∿∿∿

ARTICLE II.

Petites phrases de monosyllabes.

Dieu est partout. Il a fait tout de rien. Il voit tout ; il lit dans mon cœur. Il peut tout ; je ne peux rien sans lui. Mes yeux ne le voient pas ; mais je sens qu'il est ; mon cœur me le dit. Il veut et fait mon bien. Le pain que j'ai vient de lui. Que le ciel qu'il a fait est beau ! Que les dons de Dieu sont grands et me sont chers ! Il faut que je le prie de tout mon cœur.

ARTICLE III.

DIALOGUES.

I. Sur l'usage des doigts pour compter.

La mère et Charles.

M. Charles, combien comptes-tu de doigts dans une main?

Ch. Faut-il y comprendre le pouce?

M. Oui, sans doute; quoique le pouce soit un peu différent des autres doigts.

Ch. Eh bien, en comptant les doigts d'une main l'un après l'autre, je dis: un, deux, trois, quatre et cinq. Je me souviens que j'ai été bien du temps avant de pouvoir compter au delà de cinq.

M. Et comment as-tu fait pour l'apprendre?

Ch. On m'a fait observer qu'après avoir compté les cinq doigts d'une main, je devois dire sur les doigts de l'autre main : six, sept, huit, neuf et dix. J'ai compris assez aisément que nous avons dix doigts en totalité dans les deux mains; que cinq et cinq font dix, et que la moitié de dix est cinq.

M. Vois-tu à présent pourquoi l'on compte par dix, par cent, par mille, et ainsi au delà ?

Ch. Je ne l'entends pas bien, Maman. Je sais pourtant compter jusqu'à mille et de plus grands nombres encore. Je vous prie de m'expliquer cela.

M. Volontiers; écoute bien ceci : Après avoir compté dix, en faisant un tour de suite sur tous les doigts, comment t'y prends-tu pour compter jusqu'à vingt?

Ch. Je n'ai qu'à recommencer, sur mes doigts, un second tour, pareil au premier, en disant après dix : onze ou dix-un, douze ou dix-deux, treize ou dix-trois, quatorze ou dix-quatre, quinze ou dix-cinq; ce qui fait en tout un tour des doigts des deux mains, plus un tour des doigts de la première main ; puis continuant sur les doigts de l'autre main, je dis seize ou dix-six, dix-sept, dix-huit,

DE L'ENFANCE. 53

dix-neuf, enfin j'arrive à vingt quand j'ai parcouru mes doigts pour la seconde fois; et je comprends que vingt est composé de dix et dix ou de deux fois dix, ou de deux dixaines.

M. Et pour compter jusqu'à trente ?

Ch. C'est bien aisé : je n'ai qu'à répéter un troisième tour des dix doigts. Je dis donc vingt et un, vingt-deux, vingt-trois (*l'enfant qui lit achèvera de compter jusqu'à trente*). Tout cela fait donc trois dixaines ou trente, c'est-à-dire trois tours des doigts. Oh ! je vois bien qu'en ajoutant un quatrième tour, j'aurai le nombre quarante ; et je conçois comment avec les dix doigts on a compté de dix en dix jusqu'à cent, nombre qui exprime dix tours des doigts, ou dix fois dix, ou dix dixaines; et ensuite comment, après avoir compté des unités de dixaines, on a pu compter aussi des unités de centaines, des unités de mille, des dixaines de mille, des centaines de mille, et ainsi des autres nombres, en formant de suite des unités de dix en dix plus grandes que les précédentes.

M. Sais-tu bien pourquoi on écrit dix

avec un et zéro, 10, vingt par deux et zéro, 20?

Ch. Non, maman.

M. Zéro est la peinture d'un cercle, o; il marque un tour ou une révolution des dix doigts. Ainsi 10 signifie un tour de doigts; 20, deux tours de doigts; 30, trois tours de doigts; 100, dix tours; 1000, cent tours, et ainsi des autres nombres exprimés par des chiffres. 23 signifie donc deux tours de doigts, plus trois doigts. Mais en voilà assez pour cette fois, il faut nous reposer.

2. *Les parties de la tête.*

M. On distingue deux parties extérieures de la tête, celle qui est couverte de cheveux, et celle qui se voit, que l'on appelle le visage; eh bien, Charles, dis-moi quelles sont les parties du visage?

Ch. C'est le front, les yeux, les sourcils, les paupières, les cils, le nez, les joues, la bouche et le menton.

Je voudrois savoir à quoi servent les sourcils et les cils?

M. D'abord à orner les yeux; car il

n'y a rien qui donne l'œil hagard, comme de n'avoir pas des cils et des sourcils suffisamment garnis. Ensuite les sourcils arrêtent la sueur du front, qui couleroit dans les yeux ; les cils empêchent les petits corps étrangers d'y entrer, et ils tempèrent l'éclat d'une lumière trop abondante.

Ch. D'où vient, maman, qu'en regardant de près vos yeux, j'y vois un petit bonhomme ?

M. Le connois-tu bien ce petit bonhomme ?

Ch. Il me ressemble ; il est habillé comme moi, mais il est bien plus petit.

M. C'est ton portrait en miniature, qui se peint sur ma prunelle, comme il arrive sur une boîte de montre, et sur des miroirs bombés qu'on appelle *miroirs convexes*.

Ch. Qu'est-ce donc que la prunelle dont j'entends parler, par exemple quand on dit : je conserve cela comme la prunelle de mes yeux ?

M. Ce mot *prunelle* est dit pour *brunelle*, et signifie une petite partie brune. La prunelle est ce petit cercle brun ou noir que tu vois au milieu d'un autre cercle teint de diverses couleurs, qu'on appelle *Iris*. C'est comme une petite fenêtre par laquelle les rayons de lumière entrent dans l'œil, et vont y peindre les objets qui sont devant nous. Nous les voyons quand nous les regardons, c'est-à-dire quand nous y faisons attention.

Ch. Maman, quand je vous regarde, vous êtes donc peinte au fond de mon œil?

M. Oui, mon fils; mais quand je suis absente, mon portrait est effacé.

Ch. Ah! maman, il reste bien gravé dans mon cœur, je vous assure!

ARTICLE IV.

Maximes.

Aimez Dieu plus que tout, comme la première source de tous les biens; aimez votre père et votre mère comme la seconde source des avantages dont vous jouissez; ensuite vos parens, vos bienfaiteurs, vos amis et tous vos semblables.

Dans l'occasion, soyez bienfaisant pour tous ceux que vous pouvez obliger : le bienfait de la veille embellit le lendemain.

C'est une belle prière que celle-ci : Mon Dieu ! gardez-moi de moi-même.

La politesse est l'expression ou du moins l'imitation des vertus sociales. C'est une marque des égards que l'on a pour soi et pour les autres.

La bonne grâce est au corps ce que le bon sens est à l'esprit.

La sagesse est à l'âme ce que la santé est au corps.

Instruisez votre fils, dit Salomon ; il vous consolera, et il deviendra les délices de votre âme. Une réprimande sert plus à un enfant sage que cent coups à un insensé. La crainte du Seigneur est le principe de la sagesse.

ARTICLE V.

TRAITS D'HISTOIRE.

N°. 6. *Le petit raisonneur déraisonnable.*

Le jeune Germeuil avoit pris l'habitude détestable de ne point écouter les avis qu'on lui donnoit. Un jour qu'il se trouvoit auprès d'une ruche, il s'avisa d'agiter avec une baguette les abeilles qui sortoient pour aller aux champs. Son papa l'avertit de ne pas les agacer ainsi : *Elles sont dangereuses*, dit-il, *quand on les trouble dans leur travail.* — Bon! dit Germeuil, *si c'étoit un gros chien, j'en aurois peur; mais qu'y-a-t-il à craindre d'aussi petits insectes? j'en abattrois un cent d'un coup de mouchoir!* A l'instant, voilà une foule d'abeilles qui se jettent sur le petit imprudent, le poursuivent et le piquent au visage, au cou et partout où leur aiguillon peut pénétrer. Il en fut très-malade, et il apprit, à ses dépens, à croire les personnes qui avoient plus d'âge, d'expérience et de raison que lui.

N°. ix. *La petite fille ingénieuse.*

Une petite fille, un peu étourdie, mais spirituelle, fut envoyée par sa mère chercher du feu. Elle court chez un docteur du voisinage qui avoit coutume de la bien accueillir ; elle entre et salue monsieur le docteur, qui étoit fort occupé au milieu de ses livres ; il la regarde et lui demande ce qu'elle veut ; elle répond qu'elle vient chercher du feu. Mais le docteur, lui voyant les mains vides, lui dit : *Comment ferez-vous, ma petite amie ? vous n'avez rien pour emporter du feu.* La petite, surprise d'avoir oublié le sabot destiné à cet usage, resta un instant interdite, puis elle dit : *Ah ! c'est vrai, j'ai oublié le sabot !* Mais se reprenant aussitôt : *Eh bien !* dit-elle, *n'ai-je pas ma main ? — Mais vous vous brûlerez. — Ah ! que je sais bien, monsieur, comment m'y prendre ! — Comment donc ? car le feu brûle. — Eh bien, vous allez voir.*

La petite fille se met aussitôt à répandre de la cendre froide dans sa main gauche, et à l'en couvrir d'un lit assez épais ; puis avec les pincettes elle pose là-dessus quelques charbons ardens, et se tournant ensuite vers le docteur, avec un air moitié modeste et moitié triomphant, elle dit : *Vous voyez bien, monsieur, que le feu ne me brûlera pas.* Le docteur, admirant l'intelligence industrieuse de la petite, jeta son livre sur la table et dit : *Eh bien ! avec tous mes livres et toute ma science, je n'aurois pas su en faire autant.*

x. 3.

Un enfant d'un esprit réfléchi, à qui l'on faisoit répéter le catéchisme, répondit à la question *où est Dieu ?* en disant : *Je vous répondrai quand vous m'aurez dit où il n'est pas.*

Art. VI. LECTURE DE VERS.

II. PLAISIR DE LA LECTURE.

Pour la première fois, quand je lis un bon livre,
C'est un nouvel ami que je me plais à suivre;
Et je relis après le livre que j'ai lu,
Comme j'aime à revoir un ami qui m'a plu.

François Neufchâteau.

III. DE LA SOLITUDE.

Te crois-tu seul, pour être solitaire?
Non, Dieu te suit, t'entend, te regarde en tous lieux.
Crains qu'en ton cœur quelque honteux mystère
N'insulte à sa présence, et ne blesse ses yeux.

Du même.

IX. SUR DIEU, SA PROVIDENCE ET SA LOI.

L'Éternel est son nom; le monde est son ouvrage,
Il entend les soupirs de l'humble qu'on outrage,
Juge tous les mortels avec d'égales lois,

Et du haut de son trône interroge les rois.
Il donne aux fleurs leur aimable peinture,
Il fait naître et mûrir les fruits,
Il leur dispense avec mesure,
Et la chaleur des jours et la fraîcheur des nuits :
Le champ qui les reçut les rend avec usure.
Il commande au soleil d'animer la nature ;
Et la lumière est un don de ses mains.
Mais sa loi sainte, sa loi pure
Est le plus riche don qu'il ait fait aux humains.
O divine, ô charmante loi !
Que de raison, que de douceur extrême,
D'engager à ce Dieu son amour et sa foi !

* Les jeunes lecteurs, ainsi préparés, peuvent se perfectionner dans la lecture, en lisant soit quelques-uns de ces petits livres amusans et instructifs qu'on a fort multipliés, soit la troisième partie du premier livre de l'enfance, qui présente des exercices gradués avec un soin particulier, pour accélérer les progrès dans la lecture courante. C'est d'un ordre bien entendu que naît la plus vive lumière, et la meilleure instruction.

Le Premier livre de l'Enfance se trouve chez les mêmes libraires que cet Abrégé.

FIN DE L'ABRÉGÉ DU PREMIER LIVRE DE L'ENFANCE.

www.ingramcontent.com/pod-product-compliance
Lightning Source LLC
LaVergne TN
LVHW020159100426
835512LV00035BA/1324